© Gottfried Teichner 2016

Das Werk ist urheberrechtlich geschützt

Alle Rechte liegen beim Autor

Herstellung und Verlag: BoD-Books on Demand, Norderstedt

2016 Mainz-Kostheim

Layout & Satz: Zeitmeer.de

ISBN 9783739248837

Weite
Gottfried Teichner

Rauchsäule um Rauchsäule
Steigt über die Berge hinaus
In den eisigen Morgenhimmel
Die Dörfer in der Niederung des Flusses
Liegen verborgen im Nebel

Reif auf den gelben Blättern der Birke
Der Atem ist über Nacht sichtbar geworden
In der für den Sommer erbauten Wohnung
Herrscht eisige Kälte

Welkes Laub auf fremden Wegen
Gärten und Häuser unvertraut
Aus unbekanntem Himmel
Fällt die rote Sonne kühl
In allzu frühe Nacht

Ich sammle Zapfen
Aus dem Sand
Unter den Kiefern
Der Duft der Bäume
In der warmen Sommersonne
Nun bei Nacht
Weit entfernt
In schweigendem Haus
Klingt in Finsternis fremd
Das Rauschen der Nadeln

Die Hellldennn deer
Wahrheittt
Reiten reiten reiten
Streiten streiten streiten
Und das Blut spritzt
Und die Köpfe rollen
Ja ja jajajajaja ja
Das sind wahre Hellldennn
Wahnsinnnshellldennn

Hoher Nebel umschleiert
Den vollen Mond
In den kahlen Ästen
Dunkler Winterbäume
Das matte Licht zerfließt
Des Flusses stille Wasser

An eben der Stelle
Da einst ein Kirschbaum
In den wilden Garten gepflanzt wurde
In der Erde
Die letzten Holzsplitter
Die Überreste der Einfassung eines Sandkastens
Verrottet nun dichtes Pflanzengestrüpp
Auf dem toten Teich

Auf den Teppichen
Liegt der Staub
Des Ungesagten
Aus den dunklen Ecken
Der tauben Zimmer
Kriecht und quillt
Verwachsener Nachtmahr
Erinnerung

Die kahlen Zweige der Birken
Flattern in heftiger Böe
Schneewolken jagen
Über den Kamm des Gebirges
Plötzlich liegt
Blendender Sonnenschein
Auf der feuchten Erde
Im Zimmer hat sich
Die Stille eines ganzen Lebens
Über alle Zeiten hin verteilt
Auf dem Boden liegt
Aufgeschlagen ein Schachbuch
Hausschuhe stehen am hohen Fenster
Ein Adventskranz auf dem Tisch
Niemand ist da

Schnee auf dem zugefrorenen Teich
Die Felder und Wege
Eine weiße Fläche
Eine schwarze Fläche
Die Stämme und Äste des Waldes
Nur die feinsten Zweige
Dunkle Striche
Vor dem eisigen Rot
Der versinkenden Sonne
Dem glühenden Rot
Der Nacht

Frisch gefallener Schnee
Die huschenden Spuren
Eines frierenden Vogels
Quer darüber die Fährte
Eines schnürenden Fuchses
Reifenabdrücke eines Wagens
Der tiefe Schritt eines Jägers
Und es schneit
Winzige Flocken
Ohne Unterlass

Viel Schnee ist gefallen
Er blieb liegen
Die Stufen
Die zum hohen Tempel
Auf dem steilen Berg führen
Sind verschwunden

Tiefe Müdigkeit
In allen Gliedern
Ergrauter Geist
Welcher Tod
Liegt in der reglosen Luft

Wasser trieft
Vom Kummet
Die Wege
Verdreckt Schlamm
Der Ausbruch des Ochsen
Zerstört die Saat

Der Tod des kleinen Ich
Herbeigesehnt
Und doch
Verhindert
Mit aller Kraft
Wie oft wird
Der kühle Regen
Noch die Wintersonnenwende
Begleiten

Manches Mal
Scheine ich tausend Arme zu haben
Zehntausend Hände
Unzählige Finger
Um die Welt zu halten
Und doch vermag ich
Nichts weiter zu fassen
Als dann und wann
Den Schein einer Berührung
Vorüber
Jeder Gedanke zu spät

Die Gier zu kontrollieren
Und festzuhalten
Eitert
Aus der schwärenden Wunde
Meiner Angst
So verrinnt das Leben

Faulschlamm
Platzt in Blasen
Vom Grunde empor
Und selbst
Wenn ich ihn
Zu säubern vermöchte
Was würde ich erblicken

Frühling im Dezember
Marienkäfer Fliegen
Schwankende Schwärme
Zögernder Stare
In Norden sammeln sich
Eisige Stürme

Wo gestern noch
Ein dicker Panzer aus Eis
Das Leben umschloss
Rein still bewegungslos
Rinnen heute
Dreckige Schlieren
Und wachsen zu
Reißenden Strömen
Tief jagen die dunklen Wolken
Verhüllen die fernen Berge

Und wenn ich die Haut berühre
Als könnte ich mit ihr verwachsen
So welkt sie
Und schmilzt
Hinab zu den weißen Knochen
Die ich verzweifelt umklammere
So dass sie zerbrechen
Zu Staub zerfallen
Den ich begierig sammle
Um ihn zu schützen
Zu bewahren

So dass ein sanfter Wind
Ihn verweht
Dem ich hinterherjage
Ein tollwütiger Hund
Und doch zugleich
Wind im Wind
Und Staub im Staub
Knochen in Knochen
Und Haut in Haut

Tag um Tag hängen die Zapfen aus Eis
Glitzern und ruhen
Keine Spur im gefrorenen Schnee
Auf den verborgenen Dächern

Frost und Tau
Tropfen folgt Tropfen
Schneller und schneller
Die weißen Dächer
Beginnen zu rutschen
Zu stürzen
Hinab in die Tiefe
Des sprießenden Grases

Wochen ist es her
Fast schien sie vergessen
Nun ist sie wieder da
Für einen Augenblick
Strahlt die Sonne
Durch die dichten Wolken

Noch deckt kein Grün
Die nackten Äste und Zweige
Strahlend blauer Himmel
Schwer zu ertragender Anblick

Oh ja oh doch
Es gäbe so viel zu sagen
im nächsten Gedicht

Friedhof auf dem Hügel
Der versinkenden Sonne
Antworten die Grablichter

Gefasste Quelle
Zwischen Häusern und Straße
Kein mühsames Sammeln der Wasser
Schon schwimmen Forellen
Im weiten Teich
Aus dem ein breiter Bach
Sich voll ergießt

Weißer Trullo
Inmitten von Schlehen
Über dem schlammigen Talgrund

Um die alten Türme
Klingen die Rufe der Dohlen
Vor der Stadtmauer
Im stillen Hain
Liegt der Friedhof
Steine auf vielen Grabmälern
Andere haben sich
auf den feuchten Boden
Niedergelegt

Der Brunnen versiegt
Der dem Ort seinen Namen lieh
Schmale Gasse
Verborgener Winkel
Eine Tafel zum Gedenken

Über dem zugefrorenen Weiher
Erheben sich steile Wege
Die Schatten der Hochhäuser
fallen in tiefe Schlucht
Sendemasten ragen auf
im wirbelnden Schnee

Weiter Blick
Von der weißen Veste
Klirrende Kälte
In sinkender Sonne
Schneidender Wind
In der Stube des Turmes
Warmes Licht Gelächter

Erker und Giebel
Schenken Blick
Auf Gärten und Statuen
Von Fenster zu Fenster

Bald eilt der Bach
Selbstbewusst kündend
Hin durch die Schlucht
Dann wieder
Unter steilen Felsen
Scheint er reglos zu verharren

Der Fluss trat über seine Ufer
Ergoss sich hin zum nahen See
Zum Bade auch
Verwischte Böschung eingefassten Strand
Und trübte die Wasser
Mit seinen Fluten

Weit blickt
Der neu erbaute Grenzturm
Hin über wilde Lande
Eines großen Kastells
Bäderfundamente
Sind aus dem Wald gegraben
Ein kleineres Lager
Tiefer drinnen
Von dunklen Tannen überwachsen

Stille Flocken
Sinken durch den Stieleichenwald
Hinab auf schweigenden Schnee
Das Knirschen von Schritten
Verharrt am Rande
Der Salamanderlöcher

Gurgelnder Bach
Winternebel verhangene Hügel
Die überflutete Niederung
Von Eis bedeckt
Ein neugieriges Lugen
Der roten Sonne
Schweigend zieht sie sich zurück

Auf dem dünnen Eis
Der Vernunft
Wandern wir
Als wäre es fester
Unverbrüchlicher Grund
Statt zu schmelzen
Dieses Eis und uns
Hinein
In den weiten Ozean
Bricht das Eis
So ist es zu spät
Und wir ertrinken

Schneesturm im Frühling
Die Zugvögel lassen die Nester
Die sie begonnen hatten
Zurück

Gedanke um Gedanke
Die Zähne im
Kreisförmigen Mund
Des Neunauges
Raspeln das Fleisch
Tiefer und tiefer

In die hohe Lößwand
Baut jede Biene
Ihr eigenes Loch
Daneben liegen
Die großen Bruthöhlen
Der bunten Bienenfresser

In den hohlen Wegen
Schweigen die Stimmen
Es weht kein Wind
Die Wärme und das Licht
Der Sonne
Wandern darüber hinweg

In den Äonen der Kälte
Türmten sich die Dünen auf
Ferner Wind der Gletscher
Wehender Lehm
Schritte und Karren
Gruben Schluchten
Verborgener Platz nun
An dem sich tiefe Wege kreuzen

Von den hohen Sicheltannen
Klingt der Widerhall
Des vergangenen Regens
Nebel verhüllt
Ihre Stämme
Den morastigen Boden
Ein Schritt nur
Von einer Welt in die nächste

In der tiefen Levada
Scheint das Wasser
Ungetrübt bis zum Grund
Bewegungslos
Während der heftige Wind
Vom unsichtbaren Meer heran
Wolken in den Lorbeerwald jagt

Rhododendronblätter wölben sich
Über den Spiegel der Levada
Strecken sich nach sich selbst
Berühren sich
Tauchen ineinander ein
Ruhen in der Tiefe

Über den Rand des Kraters
Rasen aus den Tiefen
Die Wolken hin
Zur einen Seite
Die versunkenen Städte
Zur anderen Seite
Die endlos offene See
Nur die allernächsten Schritte
Sind zu sehen

Zwischen den üppigen Blüten
Der mit Sorgfalt
Bepflanzten Gärten
Steigt der Dampf
Der Fumarolen auf
Enthüllt ihre prächtigen Farben
Und verbirgt sie
Im selben Atemzug der Erde

Strelitzien blühen
Während ein dichter Teppich
Aus Kamelien den Boden bedeckt
Im strömenden Regen
Wetteifern die Frösche
Des winzigen Teiches
Auf Brautschau

Zwischen den niedrigen weißen Häusern
Und den winzigen Beeten
Wandelt der gepflasterte Weg
Hin zur hohen Araukarie
Unter Eukalyptusbäumen
Säumen ihn Mauern
Aus Basalt
Steile Hänge
Enden den Pfad
Jenseits des üppigen Gartens erstrecken
Sich fruchtbare Wiesen

Worte kreisen
Greifst du sie
Welke Blätter
Unter dem Tritt der Füße
Ruheloser Wind
Blüht
Große Frage
Nicht verborgen

Geschrei
Von Katzen
Menschen
Vögeln
Die Sterne wandern
Klare Mondnacht

Aus welcher Farbe wuchs die Trauer
Aus welchem Klang
Aus welcher Sicht
Aus welchem Schmecken wird die Freude
wachsen
In welchem Lande weilen sie
In welchem Zimmer schlafen sie

Blaue Äderchen
Schlängeln sich um den Knöchel
Hornhaut bedeckt die Ferse
Im Gewölbe vertiefen sich
Die Falten
Nicht mehr derselbe Fuß
Doch keinesfalls ein anderer

Zehntausend Dinge lassen
Doch ohne zu verwerfen
Und jeder Pulsschlag
Jede Blüte
Die der Wind verweht
Und jeder Kuss
Und jeder Schmerz
Der durch den Körper geht
Die Worte zu vergessen
Zugleich die Trennung auch

Nur manchmal noch
Gedenk ich deiner
Spinnweben
In des Sommers letzter Wärme
Oder
Die ersten Blätter
Der Sternhyazynthe

In Ruhe
Scheint Ruhe
Kein tiefes Geheimnis
Das Schweigen
Wenn ich allein
Keine schwierige Übung
Doch unter dem Einfluss
Der Schwerkraft
Anderer Sterne
Wird aus Ruhe
Rasch Taumeln und Stürzen
Aus dem Schweigen
Das unablässige
Weben und Rauschen
Des weiten offenen Alls

Liegen nur liegen
Und der Wind
Verirrt sich auf meiner Haut
Durch mich gehen Schreie
Und Klagen und Lachen
Über mich zieht
Nach der Kühle
Die Hitze
Gefolgt von der Kühle
Das Antlitz des Mondes
Das Antlitz der Sonne
Liegen nur liegen

Im Tal drückt die erste Hitze des Mai
Darüber ruht die Ruine einer Burg
Die einst den Lauf des Flusses
Bewachte und jene Wege
Die ihm folgen
Während tiefer drinnen
Im kühlen Wald
Der verborgene Stein
Einer weiteren Festung schläft
Die einst die erste Wächterin
Beargwöhnte
Wer wohl beobachtete sie
Dringt man tiefer noch ein
In die Dämmerung
Zwischen Buchen und Eichen

Auf schmalem Grat
Scheint der Weg unvermeidlich
Der Blick reicht weit zu allen Seiten
Plötzlich umfängt eine Lichtung den Wanderer
Der Wind auf deiner Haut erlischt
Während er sich unermüdlich
In den Wipfeln verfängt
Und wieder befreit
Ein Moment des Staunens und Versinkens
Schreite ich dann von neuem aus
So gehe ich fehl

Japanische Kirschen
Magnolien und Flieder
Die Winde wehen forsch
Weder ist der Frühling
Nun vorüber
Noch ist er jetzt geworden
Während er
Zur Gänze in sich selbst versunken
Die alten fremden Lieder
Uns wohlvertraut
Auf unsere Lippen
Und in die Augen drängt

Quarzsteine
Zu langen Wällen geschichtet
Wovor sie schützten
Und wer sie getragen
Der Regen des Vortages
Kleine Pfützen im dichten Wald
Ist auf den Steinen
Schon längst getrocknet

Oben am Hang
Verlässt das Wasser sein Bett
Die Wiese wird zum Sumpf
Zum Delta zum Meer
Unten sammelt die Burg
In weitem Graben
Das Nass

Nun stehen Schilder
An den Wegen
Die ich wanderte als Kind
Tafeln erklären
Hier wurde ein Weg
Verbreitert befestigt
Dort verwilderte ein Pfad
Ich entsinne mich
Des tiefen Staunens

In diesem Boden ruhte der Himmel
Über die Höhe wacht ein gewaltiger Turm
Schon bald
So scheint es seit geraumer Zeit
Wird starker Regen fallen

Der Einsturz der Dolinen erst
Schuf die Klippen der Gipfel
Aus deren strahlendem Weiß
Den karstigen Höhen
Die stillen Täler erwachsen
Und Orchideen

Durch unwegsames Gelände
Steile Tritte
Und schwindelnde Höhen
Kämpfen sich die Menschen empor
Um am Gipfel
Die Länder zu trennen
Familien und Sprachen
Die Welt zu zerteilen
Hohe Türme
In eisiger stürmischer Luft
Über Grenzen
Zur Wacht

Der kleine Hafen
Lag lange verlandet
Ein Stück ab
Vom geschrumpften Fluss
Ein Schiff auf Sand
Den wenigen Besuchern
Zur Schau
Nun haben Fluten
Den Hafen verschlungen
Die Trümmer des Schiffes
Treiben stromabwärts

Den Bildern in meinem Geist
Zwinge ich Leben auf
Damit sie mich jagen können
Fast scheint es
Als zöge ich Geister
Der Leere vor

Auch in ruhigem Wasser
Bleibt Schlamm am Boden Schlamm
Und die nächste Flut
Wird ihn aufwirbeln
Wird das Wasser trüben
Erst wenn kein Boden
Mehr zu finden ist
Verschwindet jede Trübung

Hinaus in die Weite will ich
Kein Anker kein Netz
Doch kreuz und quer
Stelle ich meine Ruder
Während ich meinen Blick
Fest auf den Horizont hefte
Und wundere mich
Dass ich wieder und wieder
Im Schlick des Ufers stecke
Die Ruder von Tang umschlungen
Vermag ich sie nicht zu lassen

Wie soll ich Ruhe finden
Wenn ich versuche dich zu halten
Die Sicherheit und die Begierde
Und das was war
Als fände ich in Bildern
In trügerischen Schatten
Die ich mir selbst erschaffe
Mehr als den Duft
Verblühter Blumen

All das was war
So wird behauptet
Soll Ich wohl sein
Doch nur
Wenn da kein Ich
Eröffnet sich
Für das
Was im Vergehen kommt
Die strahlend klare Weite

Bei Anbruch des Tages
Im Öffnen der schweren Lider
Hetzen mich die Träume der Nacht
Lähmen mich vergangener Tage Bilder
Ihre dichten Nebel umfangen mich
Vergeblich suche ich sie zu durchdringen
Indem ich tiefer in sie hineinstarre
Gebannt und mich täuschend
Größerer Anstrengung bedarf noch dies
Die Augen zu öffnen kein Zaudern
Allzu rasch ist der Tag vergangen

Das Brüllen der Brandung
Das Flattern der Fahne
Im Wind die Rufe der Kinder
Jedes einzelne strahlende Sandkorn
Am makellos reinen weiten Strand

Einen reinen Ton erklingen lassen
Während Johlen und Geschrei
Gewimmer und Gebrüll
Die weite Halle
Bis zum Bersten füllen
Wie sollte ohne Trug
Dies möglich sein

In der Bucht der
Mahlenden Steine
Rasten Haie
Von der Jagd
Auf weiter offener See

Das rostige Wrack ruht
Nurmehr Gerippe
In Sonne Wind und Wellen
Die Seeadler verließen ihren Horst
Auf dem brüchigen Deck
Der abgetrennte Vorderleib
Einer jungen Languste
Schimmert bunt im hellen Sand

Das Meer aus Stein
Es wächst und fällt
Und mit ihm jeder Schritt
Und jeder Atemzug

Über dem Erbe
Des mächtigen Eisschildes
Schwirren Bremsen
Ein Kolkrabe
Überfliegt den Rand des Moores
Schon verschlingt ihn
Die Schwärze des Waldes

Steinerne Wand
Schiebt sich
Zwischen See und See
Kalt und warm
Hoch und tief
Ein Schleier nur
Verwehender Staub

Das Eis verschwindet
Im Labyrinth der Risse
Zurück bleibt
Kahler Fels
Tief drunten aber
Schießt Wasser hervor
Zwischen dem Tageslicht
Und der Dunkelheit
Verschmelzender Felsen
Unaufhaltsam klar

Wolkenwalze
Über den fernen Graten
Schon ist sie heran
Ein plötzlicher Sturm
Verschlingt den Sommerabend

In der Mittagsglut
Stehen Forellen
In den gefassten
Drei Quellen
Alter Turm
Und mächtige Flügel
Keines Menschen Stimme
Nicht im stillen Hof
Noch in der prächtigen Kirche

Steiler Weg
Durch den dunklen Bergwald
Wurzeln und Kalkstein
Moosbewachsen verwoben
Über die steile Wand
Fließt zwischen Latschen und Lärchen
Die Dämmerung
Nun ist es Einsamkeit
Die den Schritt beschleunigt

Meterdicke Betonklötze
Durcheinander geworfen
Wie von Riesenhand
Noch ist die Kammer zu erahnen
Doch ringsum
Wuchern Ranken
Und Bäume legen Schatten
Auf der Menschen Wahn
Tief drunten steht
Im Paradies der Frösche
Kühles Wasser

Jenseits am Strand
Einzig glühend
Jauchzen und Schreien
Dichtes Gewebe
Diesseits bieten die Steine
Der hohen Ufer
Dem Schwimmer keinen Halt
Steil führt der Weg
In den kühlen Wald
Ein Vogelruf Insekten
Nur Stille sonst

Balkon an Balkon
Fensterfronten
Die Straßen
Vor den symmetrischen Hecken
Sind leer
Wochenende
Ruhe herrscht

Kelten wachten und Römer
Von diesem Fels
Über den Weg am Bach
Während das Wasser
Unablässig klingend
Zu Tal eilt

Ruhig will mein Herz werden
Und sich öffnen
Da drängen schreiend sich
Der Tage Dinge
Und schlagen kratzen beißen sich
Verwundet bleibt das Herz
Das sich auf diese Weise
Selbst verstümmelt
Wenn lange schon
Der Lärm des Zuges
Fern verklungen
Verstopft begraben
Zu Tode ermattet

Den Blick nach überwärts gerichtet
Bleib ich mit meinen Zehen
In einem Fetzen Stoff
Am Boden hängen
Der Slip
Den deine breiten Hüften
So oft zu sprengen drohten
Den deine Scham
Mit ihren feuchten Lippen
So unablässig nässte
Er ist verbraucht verblasst
Die Naht zum Loch geöffnet

Und gerade eben
Da die Worte fehl gehen
Kann man sie nutzen
In völliger Freiheit
Und Sicherheit zugleich

Jede Regung
Ein Ausbruch von Schweiß
Schwül brennende Sonne
Unwetter nahen
Für einen Augenblick
Das Herz
Aus klammem Eis

Zu viel zu wenig
Richtig falsch
Im Kreise drehen
Die Gedanken sich
Sie wollen eine Antwort
Immer
Wahnsinn

Steinerne Rosette
Vom Licht der sinkenden Sonne
Durchbrochen
Zu beiden Seiten
Die Wände der Kapelle
Und mit ihnen die Burg
Verschwunden
Auf hoher Klippe

Im Licht des späten Sommers
Schlafen die Dörfer
Zur Mitte des Tages
Zwischen den sanft
Bewaldeten Höhen
Kein Wind
Und doch treiben
Die ersten Blätter
Über die sonnigen Wiesen

Der hohe Fels
Über dem engen Tal
Zuflucht den einen
Drohung den anderen
Ein Ort des Staunens
Der weiten Sicht
Der Stille und Schönheit
Selbst vergessen

Die Wege der Wallfahrt
Kreuzen sich
hier im tiefen Wald
Von kleinen Weilern her
Und mächtigen Stätten
Zu riesigen Kathedralen
Und winzigen Klausen
Über dem Weiher
Dicht unter dem Pass
Jagen Libellen durch die Stille

Erodierte Kalksteinklippen
Ein schmaler Weg führt
Sanft durch Kiefernwald
In Serpentinen windet
Sich ein steiler Pfad
Durch loses Geröll
Führt geradewegs
Ein Klettersteig
Hoch oben über dem Fluss
Zirpen Grillen
Widderchen gaukeln
Im Atem der Weite

Basaltsee
Ein Eisvogel taucht
Über den erloschenen Vulkanen
Hängt in der Hitze
Ein tiefes Unwetter

In der engen Schleife
Des eiligen Flusses
Birgt das mächtige Kloster
Einen barocken Garten
Darin neigen sich
Gift- und Heilpflanzen
Einander zu

Unter dem Fenster saß ich
Und sah den Sommer ziehen
Der Drang ihn zu halten
Der Wunsch ihm zu folgen
Waren einer tiefen Müdigkeit
Gewichen
Von Zeit zu Zeit
Ein Regentropfen

Die Rede
Voller Ruhe und Wohlklang
Die Gedanken
Klar und frei beweglich
Von Zuwendung und Mitgefühl
Bestimmt das Tun
So fern dies Bild
Einen winzigen Schritt nur
Vom Trug getrennt

Sorgen treiben
Wechselnde Winde
Doch unablässig
Das dürre Laub
Meines Geistes
Könnten die Gedankenblätter
Doch endlich
In einem Moment der Ruhe
Zwischen Aufstieg und Fall
Sanft verwesen

Ertaubt
Von all dem Geschrei
Vom eigenen Traum
Erblindet
Zwischen Nacht und Tag
Überhörst du den Ruf
Verkennst du das Licht
Den Weg
Wird niemand für dich gehen
Nur du
Allein

Zwischen die ersten welken Blätter
Und das Erwachen der kühlen Winde
Drängt sich noch einmal
Drückende Hitze
Menschen bereiten emsig
Krieg und Tod

Erwachend prüfen
Im Traum verfangen
In neuem Licht
Die Augen unverwandt geschlossen
Und jeder Halt
Nach dem ich greife
Ein Nebelschweif
Erzählung
Die sich selbst beglaubigt
Verwirrung Schwere Müdigkeit

Die Fesseln des Erwachens
Der Überwindung schwere Ketten
Und jeder Schritt
Und jedes Lassen
Derer ich gewahr
Die Schlinge zieht sich enger

Denken und denken
Zu Ende denken
Und prüfen und prüfen
Nach Gewissheit graben
Aus Luft durch Erde
Und festen Stein
Durch Schmelze
Magnetfeld schwankend
Und wieder hinaus
Empor in immer
Dünnere Luft
Und Kälte Erstarrung
Und Nacht
Und Sturz

Schwer lastete
Dein nackter Körper
Des Sommers auf mir
Schweiß in Schweiß
Nun treib ich
Längst ist der Schweiß getrocknet
Abgewaschen
Leichtes Blatt
Haltlos dem Winter entgegen

Hier stehe ich im Dunkeln
An einer Stelle
Da ich ein Tor vermute
Und warte
Manches Mal
Scheint es zu klingen
Ob durch den Wind
Oder weil ich mich bewegte
Um daran zu rütteln
Weiß ich nicht zu sagen

Ungewaschen waren deine Füße
Dreckig von Boden und Garten
Nebeneinander lagen unsere Körper
Schwer vom jeweils fremden Tage
Über dem blühenden
Magnolienbaum
Unter dem Dach
Vor dem Fenster
Lärmten Spatzen

Als ich ein Kind war
Fragte ich mich
Wohin die Menschen fuhren
Die im Zug
Auf der Brücke
Den großen Strom überquerten
Die Sonne des Herbstes
Wärmt schweigend nun
Über den Fluten
Neigt sich der Tag

Nicht eines Menschen Spur
In diesem dichten lichten Wald
Die schmalen Wege
Verlieren sich im Unterholz
Und tauchen wieder auf
Kein Anblick und kein Ort
Die mir vertraut
Im Sand
Versinken meine Füße

Winzige Vögel schimmern
In der Septembersonne
Über meinen Weg hinweg
So schnell im Wald verschwunden
Als habe ich mir ihren Flug
Nur eingebildet

Es ist
Wie Schwimmen Lernen
Im Ozean
Am Anfang
Die Angst
Du schlägst um dich
Das Wasser wirbelt auf
Unter dir
Die schwarze Tiefe
Du tauchst unter
Schluckst Wasser
Salzig
Doch du kommst wieder hoch
Über dir
Der Himmel
Dann schwimmst du
Nirgendwo Land
Und du schwimmst
Bis endlich
All deine Kraft
Durch diese Bewegung floss
Und nichts mehr bleibt
Was dich tragen könnte
Dann schließlich
Lässt du und sinkst
In klare
Anfangslose Helligkeit

Warme Septembernacht
Webt der Gesang der Grillen
Hinter dem Neumond
Mehren sich Wolken
Vor dem Morgen schon
Fällt heftiger Regen
Der Kühle Wind
Streift schweigend die Zweige

Herbst am See
Sonne inmitten des Parks
Umgeben von der großen Stadt
Die Menschen füttern die Möwen
Kinder werfen Steinchen
In die vom Wind gekräuselten Wellen
Eine fremde Frau lächelt mich an
Einsamkeit

Manchmal weicht alle Gewissheit
Die Sicherheit zerfällt zu Staub
Dieser rasende Schmerz
Der den Körper im Krampf schüttelt
Ist jedoch nicht
Dem plötzlich gähnenden Abgrund der Leere
geschuldet
Sondern den letzten Schalen
Verschwimmender Bilder

Gefallen
Tun
Was andere für richtig erklären
Orgasmen
Orte und wieder Orte
Sammeln Bewahren
Sich drehen
All dies
Und doch
Kein einziger Schritt auf dem Weg

Zwischen die festen Backen
Deines Hinterns
Tauche ich hinein
Tiefer und immer tiefer
Mit Lippen und Zunge
Mit meinem Atem
Zur Gänze

Traumschwer rühren
Unsere Körper aneinander
Flüstern halb ersticktes Liebeslied
Draußen wandert der Vollmond
Am wolkenlosen Himmel

Ruhe
Woher Ruhe
Wenn nicht aus mir
Herbstnebel über den betauten Wiesen
Wie sollte man ändern
Was niemals war
Warum auch

Die steilen Treppen
Sind glitschig
Vom modernden Laub
Im Nebel verschwimmen
Die Brücken
Ohne Anfang ohne Ende
Behutsamkeit
Liegt über den Schritten
Auf den immer selben Wegen

Aus den Volieren
Sind die meisten Vögel
Verschwunden
Die die blieben
Kauern mit regenklammem
Gefieder
Auf kahlen Ästen und Zweigen
Reglos

Der Klang der nassen Straße
Die Kälte des geöffneten Fensters
Und Dämmerung zur Mittagszeit
Ein weiteres Mal
Scheint der Sommer vergangen

Manchmal
Wenn es dunkel ist
Kein Licht von draußen
Und keines drinnen
Wenn das Dröhnen
Des landenden Flugzeugs
Verklungen ist
Und der Schlag des Herzens
Noch nicht begonnen hat
Wenn die Kindheitstage ruhen
Und das kommende Alter
Dich selbst vergisst
Dann

Jahr für Jahr vergeht
Auf einen geträumten
Augenblick der Ruhe
Folgend tobende Orkane
Gewaltige Wogen
Schäumende Gischt
Wie lange noch

Im Teich
Schütteln Wind und Wellen
Die Wipfel der Bäume
Ein Karpfen schwimmt vorbei
Hoch droben rascheln stumm
Die gelben und roten Blätter

Im Rundling spiegelt
Die Sonne des Herbstes
Von First zu First
Eine Frau schlendert barfuß
Durch die nachtklammen Wiesen

Ein alter Biberbau
In der Dämmerung
Über dem jenseitigen Ufer
Des Sees
Liegen dichte Nebel
Durch die feuchten Wiesen
Schreiten stumme Kraniche

Hohe Dünen
Wenden ihren Sand
Der weiten Niederung zu
Gekrönt von Kiefern
Stürzt ihr Rücken
Steil in dicht bewaldetes
Enges Tal

Die mächtige
Fünfeckige Festung
Liegt erschöpft
Unter dem grauen Himmel
Die Luft ist erfüllt
Von den Schreien der Saatgänse
Schwarm um Schwarm
Ziehen sie
Über den lange schon
Abseits träumenden Strom
Vom jenseitigen Ufer
Reckt sich über die weite Au
Die alte Eisenbahnbrücke
Dort wo sie die Wasser erreichen würde
Zerriss die Sprengung sie
Lange schon rosten ihre Träger

Wolken verfangen sich
In den hohen abgestorbenen Ästen
Des mächtigen Baumriesen
Abseits des toten Stammes
Tropft Wasser
Von den grünenden Blättern
Eines schmalen Zweiges

Schellenten und Silberreiher
Tief sind die Wasser
In den Stausee gesunken
Die ersten Gäste des Herbstes
In ihrem Gefolge
Die grauen Wolken
Bald schon nahen
Die nördlichen Winde
Der Ruf der Singschwäne
Über den eisigen Fluten

Unablässiger Regen
Drunten im Tal
Auch an den Hängen
Bis kurz unter den Gipfel
Auf den höchsten Felsen
Weite Sicht über Gebirge
Und rasende Wolken
Wie lang kann man verharren
In den Orkanen
Des nahenden Winters

Die Blumen der Erkenntnis welken
War es zu viel Wasser
Zu wenig
Im Augenblick der Frage
Verdorren sie
Zerfallen

Worte und Schriften
Denken
Und Jammern
Und Jubeln
Entasis
Des Lebens

Die Glocken läuten
In die Nacht hinaus
In Kindertage
An Orte
Die ich einst bereiste
Morsche Fensterläden
Klappern
Während der Sturm des Tages
Ermattet weiterzieht

Tu das Richtige
Immer das Richtige
Dein Denken
Ist im Kreis gefangen

Die Gesichter der Menschen
Fließen durch die schwüle Halle
Strömt das Sonnenlicht
Es füllt den hohen Raum
Erstickend bis zur Decke
Draußen tragen die kahlen Äste
Nichts mehr
Außer Dornen

Wenn der Sturm vorüber ist
Weitergezogen
Liegen Äste und Stämme
Auf den Wegen
Sind die Ufer verschlammt
Mit Treibgut übersät
Und die Kinder weinen
Und sie tanzen
Ihren selbstvergessenen Reigen

Mitten im Winter
Tauen die warmen Winde
Unvermittelt freie Wege
Führen zu verfallenen Klausen

Wir träumen und wachen
Und wachen und träumen
Und die Wolken ziehen
Über die Wiesen hin
Auf denen wir als Kinder spielten
Und die Flüsse
Spülen all unsere Liebe
An ihre Ufer
Und wir liegen und liegen
Zur Reise hin gebettet
Bleiben und gehen vorüber

Abwesend ging ich
Sah das Licht
Ließ es in mir
Den Schein verklingen
Und kralle mich
Noch immer
In dunkle Leere

Über die im Dunkel
Versunkenen Täler
Die Bäche und Niederungen
Die aufgerissenen Schollen
Der fruchtbaren Äcker
Schimmern die Lichter
Ferner Städte Dörfer Häuser
Auch die hohen Wege
Hat Winternacht bedeckt

Bauer geworden
Rad erfunden
Zeichen geritzt
In Ton
Kupfer geschmolzen
Und Zinn
Städte erbaut
Und Metropolen
In der eisigen Nacht
Der Wüste
Sind alle Wolken geschwunden
Im hellen Mondlicht
Treiben die Schatten
Des Schilfs
Mit den ruhigen Wogen
Des großen Stromes

Vom Meer her
Tanzt das Licht
Des Morgens
Durch die maurischen Gärten
Über Palmen und Brunnen
Entlang der Streben und Pfeiler
In das hohe Gewölbe
Der Kathedrale
Lugt in die Kapellen
Bevor es unter den Portalen
Hinausrinnt
In das geschäftige Treiben
Der alten Straßen
Über die Mauern der Stadt
Hinaus auf die weiten Felder
Hin zu den fernen Gipfeln
Über denen die Sonne versinkt

Von Süden nach Norden
Fährt der kalte Wind
Des neuen Jahres
Über das alte Kloster
Auf der Höhe hin
Von Ost nach West
Wandert der Tag
Während eine Schildkröte
Unter Zypressen
Und Orangenbäumen
Zwischen den Mauern
Und den Stuben der Mönche
Unterschlupf gefunden hat

Kolonien von Nachtreihern
Bauschen ihr Gefieder
Über den zahllosen Stimmen
Des Sumpfes
Purpurhühner schreiten
Durch das Schilf
In die plötzliche Kälte
Der nahen Dunkelheit

An die runden Türme
Heften sich Häuser
Klammern sich Heiligtümer
Verwittern mit ihnen
Die Eichen streuen ihre Früchte
Über die gestürzten Steine hin

Leer steht die
Sanft geschwungene Wiege
Der samtene Festsaal
Die Räume des Studiums
Leer liegen die Speicher
Die Ölmühle ruht
Und die Presse der Trauben
Kälte füllt das Verlies
Wie das Zimmer
Für die Spiele der Kinder
Vorbei an den trockenen Bädern
Fällt das Wasser des Baches
Vom hohen Fels
Während der Wind von den Bergen
Die Pinien beugt
Auf dem Rasen
Des verlassenen Gartens
Faulen Orangen

Für einen Augenblick
Berührten sich die Spitzen
Unserer Zungen
Während ich mich
Tief in dich ergoss
Du gingst ich ging
Der Geschmack des Speichels
Trocknete verwehte
Ihm folgte
Die Sehnsucht
Nach Erinnerung

Gebirge fließen vorüber
Während eines Herzschlags
Wolken verharren unbeweglich
Seit Äonen
Gedanken aus Geist
Geist aus Gedanken

Ein Auto fährt vorbei
Eine Taube ruft
Die Uhr tickt

Welch Glück
Die weißen Wolken zu sehen
Wie sie wandern
Kommen und gehen
Und das
Bei aller Angst
Die sich ins Uhrwerk
Meiner Seele fraß
Und rostet dort
Wo es kein Eisen gibt

So oft
Faltete ich meinen Geist
Zu einem Vogel
In ein Verließ
Knickte ihn
Zu einem Labyrinth
Kante um Kante
So oft
Bestrich ich meine Seele
Mit dem Leim der Dinge
Bedeckte ihn mit dem Kleister
Der Formen und Ansichten
Der Vorstellungen
Nun schrubbe ich verzweifelt
Über das Mehl
Der toten Knochen
Wunde um Wunde
Und suche wie rasend
Nach der Anleitung
Den vorgegebenen Strichen
Und Punkten
Oh könnte ich nur sehen
Wie der große Ozean
Die Spuren meiner Füße
Vom einsamen Strand
Des Morgens tilgt

Den vergangenen Tag
Füllte ich mit Fehlern
Mit Zorn und Achtlosigkeit
Mit Eifersucht und Gier
Nun starre ich zurück
Und glaube zu bereuen
Indem ich mich
An meine Vergehen klammere
Während ich in meinem Rücken
Dem Kommenden abgewandt
Den morgigen Tag
Bereits begrüße
Mit Eifersucht und Gier
Und achtlos voller Zorn

Jedes Geräusch
Klingt in mir
Das Schnalzen
Wenn beim Schritt
Deine nackten Sohlen
Sich vom Leder
Der Sandalen lösen
Das Schnappen
Des Türschlosses
Nach der fallenden Tür
Gemächlich oder zornig
Das ferne Hallen
Des Granits
Jeder einzelnen Stufe
Erschöpft oder eilend
Die Stille
Wenn du gegangen bist
Jedes Geräusch
Klingt in mir

Ursprünglich kein Gedanke
Kein Ort keine Zeit kein Verweilen
Doch jedes Widerfahren
Blieb haften
An der Leere
Und so erblickte ich mich
In dem
Was ich zu wissen glaubte
Aus Ton die Form
Gebrannt im Feuer
Der Verblendung
Bewegungslos
Mit Überzeugungen glasiert
Haarfeiner unbemerkter Riss
Als Hoffnung
Die Tore stehen unablässig offen

Stufe um Stufe
Durch den Rhododendronwald
Steigen die Gesänge empor
Folgen den Serpentinen
Im losen Geröll
Spiegeln sich im flüsternden Eis
Sie wandern
Durch die leeren Räume
Des stummen Tempels
Hoch oben auf dem Gipfel
Im Tal drunten
Ziehen Büffel Furchen
In die nassen Felder

Von den Höhen weht der Wind
Über die Lichtung hin äugen
Reglos Hirsche in die Dämmerung
Auf den dichten Nadeln
Unter den finsteren Tannen
Horchen die Rotten
Atemlos in die Ferne
Der anbrechenden Nacht
Still steht das Wasser
Im schwarzen Weiher
Es spiegelt sich
Im Himmel selbst

Wenn die dichten und schweren Nebel
Der Angst sich zerstreuen
Dann erscheint Liebe
Hell und klar
Ungehindert unbegrenzt

Über den aufgewühlten Ozean
Im Sturm gleiten
Ohne zu versinken
Die turmhohen Wellen streifen
Und kein Land in Sicht
Kein Horizont
Schroffe Klippen dann
Im strömenden Regen
Weiße Strände makellos
Im strahlenden Sonnenschein
Doch kein Verweilen
Nicht einmal im wehmütigen Klang
Der alten Lieder

Dieses sehe ich
Und höre jenes
Schmecke und rieche
Berühre und denke
Ich hätte begriffen
Blut könnte es sein
Das unablässig
Durch meine Adern fließt
Atem
Der ungehindert
Kommt und geht
Doch ich verstopfe mir
Arterien und Bronchien damit
Verhänge den klaren Spiegel
Mit den bleichen Bildern
Des Geistes

Dünner Rauch
Steigt aus dem
Winzigen Schornstein
In den eisigen
Blauen Himmel
Wird hinfort gerissen
Verweht
Weit in der Höhe
Zerfasert der schmale Kondensstreifen
Eines entschwundenen Flugzeugs
Im Sonnenlicht
Steht über den Firsten
Unbeweglich
Die Sichel
Des abnehmenden Mondes

In Mäandern
Fließt des Sandelholzes
Ferner Duft
Stein und Haut
Durch die Poren
Webt die hellen Nächte
Klaren Lüfte
Traumlos tief
Und ungeboren

Die Bilder eines
Lang vergangenen
Frühlingstages treiben
Gestrandete Raumschiffe
In der Dunkelheit
Zwischen den Galaxien
Die Nässe
Auf den
Austreibenden Blättern
In der schweren Erde
Wie in deinen feuchten Haaren
Im Fluss der Adern
Hin und wider wandern
Fremd daheim
Bis der Schlag
Des Herzens
Erlischt

Lärmend reißt der Sturm
An Fensterläden und Dächern
Die Wipfel der Bäume
Beugt er lautlos
Hinter dem Glas
Wenn die Wogen gegangen
Wie sie kamen
Ist da nichts
Das er entwurzelte
Und nichts
Das stehenblieb

Bei Tag
Ging ich
Im lichten Wald
Spazieren
In der Dunkelheit
Der Nacht
Folgten
Meinen Spuren
Die Geister des Waldes
Und ich
Den Ihren
In meinen Träumen

Eine Allee lag vor mir
Eine breite Straße
Im warmen Sonnenlicht
Glänzten die alten Stämme
Sie führten den Blick
In die Dunkelheit
Des schwarzen Waldes
Eine andere Allee
Bedeckt von sattem grünem Gras
Wölbt zwischen den schattigen Stämmen
Den Blick hinaus
In sommergleißende dunstige Ferne
Auf eine dritte Allee
Den Weg aus Erde und Schotter
Wird sich der nahende Abend legen
Rötliches Licht und lange Schatten
Ihre Biegung
Wird enden den Blick

Fremd und Eigen
Und Du und Ich
Die Blütenblätter
Des Frühlings
Treiben über die Weinberge
Ins jenseitige Tal
Die Farbe des Kissenbezuges
Durch das Fenster
Das Bild an der Wand
Still liegen
Straßen und Wege
Während das Licht des Nachmittags
Gemächlich spaziert
Von Heim zu Heim

Wen sollte ich hassen
Und warum
Wen lieben
Wenn nicht alles und jeden
Das Gewirr
Und die Weite
Das unablässige Treiben
Und die Stille
Wen

Stumm
Der klare Bach
Zwischen den Felsen
Aus Granit
Ein Wintergoldhähnchen
Im hohen Wald
Der kühle Wind
Über der Blockhalde
Am kahlen Gipfel
Stumm

Als ich ein Kind
Trieben der Bäume Samen
Durch das weit geöffnete Fenster
In mein Zimmer
Über dem Flirren der Insekten
Taucht ein Flugzeug
Tief in die Wolken
Ein Ahnen von Schwermut
Vergangener und kommender
Fasst an mein Herz
Verweht im Wogen der Wipfel
Der Fuge der Chöre

Durch enge nachtschwarze Spalten
Feucht unter den riesigen Brocken
Herabgeschwemmt vom Lauf der Zeit
Führt der Weg
Auf blanken Felsen windgepeitscht
Hoch über den letzten Bäumen
Von neuem hinab
Zum tiefen dunklen See

Trunken träumten wir
Dieser hell strahlende
Sommer
Ginge niemals vorüber
Unter seinem wolkenlosen
Himmel
verdorrten
Korn und Gras
Wo Wiesen gediehen
Und Blumen wuchsen
Wirbelt Staub nun auf
Unter unseren schweren
Schritten
Und wieder Staub

Rose und Blatt
Berührt mein Finger
Staub
Deine Brüste
Berührt mein Finger
Staub
Nach meinem Herzen
Greift mein Finger
Staub zu Staub

Die Hitze folgt
Dem sich neigenden Jahr
Ein Eisvogel
Bläut
Durch die Schatten
Der Bachauen
In sternklare Nächte
Verströmen sich
Welkende Blüten

Ylang Ylang
Im weiten Ozean
Steigen Inseln empor
Reisen und versinken
Gambenklang
Im weiten Meer der Zeit
Erklingen Gesänge
Weben und verstummen

Tief zwischen
Den hohen Gipfeln
Verborgen
Im Fichtenwald
Schwimmen Inseln
Aus Schilf und Gras
Im stillen See
Sie treiben
Ohne Halt und Grund
Und doch tragen sie
Unsere Schritte

Über Wurzeln
Im steinigen Bett
Durch schweigenden Bergwald
Hinaus
In den Sturm des Gipfels
Dichte Wolken
Verschlingen jeden Blick
Das Tosen des Wetters
Vertäubt das Gehör
Der Morgen bricht an

Das Dorf Berghöfe Tal und Hänge
Versunken in Wolken und Nebel
Zurückgelassen vom Unwetter der Nacht
Einzig
Die allernächsten Felsen und Stämme
Bezeugen dem Auge die Welt
Das Rauschen des Wasserfalles
Neben dem steigenden Wanderer
Beglaubigt sie
Und dann ein Atemzug nur
Durchbricht der Schritt
Des weißen Meeres regungslose Oberfläche
Und über Berge Vorland ferne Seen
Breitet warme Sonne sich
In immer größere Ferne hin
Bis über einen steilen Wall
Der Schritt sich senkt
In einen Kessel
Moore Almen lichte Wiesen
Von Zinnen umschlossen verborgen
Die Ferne entschwunden
Eines Bergfinken Ruf
Der Klang der Glocken
Am Halse des Viehs
Und Stille
Unter starker Sonne
Bevor es heißt
Zurückzukehren

Zwischen West und Ost
Nord und Süd
Antlitz und Rücken
Öffnete sich im Gestein
Eine Kluft ein Graben
Hin durch die Erde
Der sich mit Härte füllte
Quarz Wasser und Wind
Steine zu Staub
Tiefer Riss
Zur glänzenden Höhe
Rückgrat

Die schmutzigen reißenden Fluten
Ferne Unwetter
Gegen die steilen Wände
Grate und Zinnen
Schleudern
Den mächtigen Stamm
Geborsten
Gegen der Brücke
Steinernen Pfeiler
Darüber schlendern
Passanten
In der drückenden Hitze
Des Mittags
Dem lärmenden Marktplatz zu

Bleiern grau
Gipfeln die Wogen des Sees
Im Garten
Unter der zerstörten Stadtmauer
Ruhen Findlinge
Im Obergeschoss
Des verfallenden Hauses
Putzt eine hagere Frau
Die großen Fenster
Gierig fährt der Wind
Über ihre bloßen
Arme und Schultern

Der Abendhimmel
Streift die Wolken ab
In dunklen Wald
Und übers Meer hinaus
Die Wiesen Moore
Stillen Seen
Sie blicken auf
Erglühen träumen
Und verlöschen

Erinnert Geschiebe
Die Stunde des Werdens
Den Ort der Herkunft
Den Weg des Eises
Die Zeit des Ruhens
Bevor die Hände
Es sammeln brechen
Und schichten
Zu Festungen Kirchen
Um sie zu brennen
Zu stürzen zu schleifen
Zu Wüstungen

Reglos blicken die Wolken
Dem unverhofft
Hinter den fernen
Wäldern und Gipfeln
Entschwundenen Sommer nach
Als wüssten sie nicht
Was nun zu denken oder zu tun
Nur ein Wort von dir
Und sie ziehen weiter

So sinnlos wütete
Der Strom des Wollens
Wie reißend und zerstörerisch
Und was er packte
Um zu halten
Um zu haben
Mit sich fortzuführen
Zerbrach er
In seiner blinden Gier
Um welchen Preis
Wird seine Kraft
Versiegen

Die Fenster stehen weit offen
Und doch lässt der blaue Himmel
Die Vorhänge ruhen
Unangetastet

Nach den Worten suchte ich
In den Stein gegraben
Noch vor dem Werden
Des Steins
Und über sein Vergehen
Hinaus
Nach dem Boden
Auf dem ein jedes Schwanken endet
Voller Wut und Zorn
Schlug ich Fels um Fels
Trieb in den Grund die Hacke
Schicht um Schicht
Und wurde doch nicht müde
Nun weht für einen Augenblick
Das Wort- und Bodenlose
Mich an
Und Angst und Ruhe
Legen sich zugleich
Erstickend auf die Glut
Von der ich hoffte fürchtete
Dass niemals sie erlösche
Ich halte zitternd nun den Atem an

Die ehemals zerbombten Kirchen
Längst säkularisierter Klöster
Einst Garnisonsquartier und Amt
Der kommenden gehenden Herren
Und Wappen hier und dort
Barocke Ohren, prächtige Treppen
Symbolen der Kommenden
Der weißen Frauen Zeichen
Und alte Mauern
Die nichts mehr trennen
Nichts mehr schützen
Im tiefen Boden
Ruhen Schiffe Bühnen
Und Gräber
Immer wieder Gräber
In einer winzigen Gasse
Fernab der übervollen Plätze
Im dunklen Eingang einer Türe
An der man Neugeborene
Niederlegen kann

Kondensstreifen kreuzen sich
Hoch über den reifen Trauben
Rücklichter reihen sich
Zwischen roten und grünen Wäldern
Die Leoniden
In sternenklarer Nacht
Regnen gleißend hernieder
Ein stiller Regen
Ins weite Meer
So viele Ängste Trauer Lieben
Unwiederbringlich unvergänglich

Die Worte kleben
An den Dingen
Wie Samt und Seide
Brokat und Rüstung
Fadenscheinige Fetzen
Bronzeguss
Und schuppend alte Haut
Es sei denn
Du gibst sie frei

Die Saite bin ich
Und der Bogen
Die Hand die auf und nieder geht
Und obendrein der Musikant
Die Welle und das Ohr
Und nichts von alledem
Die Spanne Zeit
Die keine ist

Den Vorhang
Haben wir zugezogen
Doch das Licht fällt hindurch
Die Schatten der Dinge
Bewegen sich
Wie das Aufwallen
Schwarzer Schlote
Am Grunde
Des unermesslichen Meeres

Wörter werden aufeinandergeschichtet
Lage um Lage
Hartgebrannte Ziegel
Und der Turm wächst zum Himmel
Während nebenan
Die Fundamente und Keller
Hinabgetrieben werden
Zum Kern der Erde hin
Kategorien werden abgeheftet
Hängeordner in immer neuen Aktenschränken
Zerlegt in Namen Laute Gesten
In Jahre und Ideen
Und dann
Nach diesem Muskelspiel
Dem Zucken der Neuronen
Wo sind des Flusses Wellen
Die Augen blind vom Staub
Zusammengestürzter Bauten
Vermoderter Hirne
Kein Leid und keine Angst
Nur sanftes Treiben

Sehe ich die Dinge
Fest umgrenzt
Voll Eigenheit
Beständigkeit
So richtet schon die Gier
Vergiftet ihren Pfeil
Von mein zu dein
Und dir zu mir

Wir zählen die Stunden und Tage
Voller Schrecken voller Freude
Entlang der Gänge
Und Trauer begegnet
Zwischen den Türen
Der Erleichterung
Wir zählen die Jahre
Vor und zurück
Doch woher wohin
Unsere Striche
Sind in die Leere gemalt
In Träume die Kerben geritzt
Die Zahlen der Sand die Tropfen
Wolken

So gerne würden wir mitlachen
Aus unserem tiefsten Herzen
Und selbstvergessen
In der Menge tanzen
Weil unsere Glieder
Nicht anders können
Würden gerne wissen
Was all die anderen wissen
Doch stets fehlen wir
Uns selbst
Sind unabkömmlich
Ein Hauch von Wind
Und doch aus Blei

Blicke ich hinab
Über den weiten Strom hinweg
So ist womöglich
Jenes Haus
Das zwischen Herbstlaubbäumen
Halb verborgen liegt
Der Ort
An dem mein Kind Sein spielte
Und die schmale Straße dahinter
Könnte ich gegangen sein
Als hätte jemand mich gerufen
Zum Akt als Gatte
Und als Vater
Und über den Bergen
Vom Nebel entkleidet
Ziehen morgen schon vielleicht
Die Kraniche und Gänse
Und tags darauf
Tragen ungezählte Rinnsale
Den Kern des Berges
Hinab und hin
Zum fernen Meer
Heute aber könnte die Sonne
Taubedeckte Trauben
Zum Glitzern bringen
Und zwischen Schlehenhecken
könnten Hagebutten leuchten

Selbstsüchtige
Oder altruistische Gene
Überschüssige Hormone
Oder fehlende
Gereizte Synapsen
Betteln fordern drohen
Indes sich plastische Netze
Über plastische Netze stülpen
Der Herbst schreitet voran
Sich selbst genügend
Die tiefe große Mattigkeit

Umarmung
Ankunft und weiter Weg
Die letzten Schritte
Hin durch die Heide
Was ich gepackt
An Kleidung
Und an Schrift
War Wind
Auf Dünen
Die aus längst vergangener Zeit
Hierher
An diesen Fluss
An dieses Ufer wehten
Dem letzten Sonnenstrahl entgegen
Nun Hände lasst
Und Brust und Mund
Von Nacht und Morgen

Die Wohnstätten der Toten
Waben über goldenem Fluss
Vertriebene der Küsten
In tiefer Schlucht
Queren Tritte die Wasser
Vorhänge aus dornigen Ranken
Ritzen blutig die Haut
Die Türen der Höhlen
Sind verschwunden

Reben und Pistazien
Wachsen aus der Asche
Burgen Wächter des Meeres
Fließen tiefer
Ins wachsende Land hinein
Wolken sammeln
Schnee auf Feuer
In dem die Städte vergehen
Um aus der Schmelze
Ihrer eigenen und fremder Steine
Neu zu entstehen

Verwitterte Kanneluren
Einer zerbrochenen Laute
Ferner Klang
Des Windes am hohen Fels
Papyrus säumt die Quelle
Zwischen verlassenen Steinbrüchen
Neuen Göttern
Weitem Meer

Jagd um Jagd
Falken Hunde
Sterbende
Fabelwesen
Aus der Tiefe
Der Ferne
Gefangen gezähmt
Formen und Namen
Aus winzigen Steinen
Bilder Träume
Unter dem klaren Mond

An Haken
Hangelt sich
Die Zeit entlang
An durchgestrichenen Kreisen
An Zahlen Namen
Linien Spalten
Ein Meer von Wolken
Und mittendrin
Sie selbst

Himmelsfische
Treiben durch
Unermessliche Weite
Feuerrote Korallen
Wachsen über
Den höchsten Gipfeln
Und noch immer
Suchen wir
Den Horizont

Solange es ein
Drinnen und Draußen gibt
Ist es einfach
Darinnen zu schweigen
Den Liedern und Tänzen
Der Welt zu lauschen
Den Tag verdämmern
Den Mond sinken
Und die Sterne verblassen
Zu sehen
Und die Hand
Liegt auf dem Laken
Als berührte sie das Fenster
Draußen aber
Blecken die Hunde
Knurrend die Lefzen
Bei jedem Schritt
Aus der gleißenden Sonne
Stürzen Schreie
Aus den schweren grauen Wolken
Tropfen unablässig Fragen
Solange wir uns
Mit unseren eigenen
Spinnfäden fangen
In der Vorstellung
Einer Spanne Zeit
Solange

Ein anderer Frühling
Ruht tief verborgen
In den Novembernebeln
Im kahlen Wald
Die heimliche Lichtung
Auf der des Sommers
Sterne blühten
Schließ ich die Augen

An die Mole
Treiben Lachen Öl
Plastik Algen
Keine Fähre kein Kahn
Das jenseitige Ufer des Meeres
Liegt im Nebel

Sturmvögel jagen
Über die tosenden Wasser
Erscheinen dort
Über dem Horizont
Die ersten Sterne

Dein nie vergessener Körper
Und tauchen im lichten Wasser
Das Kräuseln
Der verborgenen Haare
Und plötzlich
Die Felsen der Küste
Insel
Oder
Festes Land

Dein langes Haar
Floss mit den Wellen
Die Bewegung deiner Muskeln
Im Wasser vor mir
Kein Wind
Ich wandte mich um
Auf Scheitel und Schläfen
Ruhten fest
Kurze Haare

Vorsprünge der Wand
Ungleichmäßige Stufen
Unterteilungen des Raumes
Als sei er eine
Notdürftig versorgte Wunde

Wer kennt die Bedeutung
Des Males auf der Stirn
Wer formte das Eisen
Mit dem es gebrannt
Lass Schatten
Tief in Schatten wandern
Und vergiss

Wessen Körper
Maltest du auf jenes Blatt
Verkrümmt verkürzt
Grotesk verzerrt
Den Meinen

Die dünne Luft der Stadt
Und ihre breiten Boulevards
Menschen Blutkörperchen
Verspielte Friese und Gesimse
Und Blendarkaden
Hier und dort
Und vor dir
Treppen in die Unterwelt

Sand und Schlick
Der See
Auf dem die Boote spielten
Der Liebenden und Kinder
Vom Geländer
Der verlorenen Promenade
Begrenzt
Staubiger rissiger Lehm
Wunde inmitten
Der zerbrochenen Fenster

Von diesem Ort
So heißt es
Geht niemals eine Fähre
Windstille erstorbene Wellen
Und tiefe Nacht

Schlangen formt der Wind
Aus den Haaren des Farnes
Den der Abschied
Fernen Gestirnes
Aus dem Norden
Kühl mit sich führt
Dessen Glut erzeugt
Von Staub und Stein
Von Geist und Quant
Die entstehen und vergehen
Schaffen und zerstören
Leere Fülle
Namenlos

Das Bilgenwasser meines Geistes
Und ich pumpe und pumpe
Sein Residualvolumen
Und ich atme ein
Und ich atme aus
Mit aller Kraft
Von vornherein vergebens
Und wüsste ich noch so genau
Die Koordinaten und Worte
Ich bliebe blind und taub
Materie und Antimaterie
Des Suchens und Findens

Draußen am Rande der Insel
Verschlingen Wellen
Vom Sturm gepeitscht
Das Ufer
Wo eben noch Wege
Durch Dünen führten
Ist nun der Grund des Meeres
Durch Zimmer
Schwappen schmutzige Fluten
Während im Landesinneren
Menschen flanieren
Durch wuchernde Parks
Und pulsende Straßen
In Eiscafés Museen
Hotels und Läden
Und ihre Stimmen füllen
Die regungslose Luft
Auch der makelloseste Spiegel
vermag bei geschlossenen Augen
Nicht zu zerstören
Die Illusion
Von Drinnen und draußen

Wenn du die Augen schließt
Für einen Atemzug
sinkt die Sonne
Fällt die Dunkelheit
Aus den tiefen Wassern
Steigen schnaubend und stöhnend
Giganten
Aufs fruchtbare Land
Babys
Schreien im dichten Busch
Unsichtbare Vögel
Singen der Nacht
Ihre lockenden Lieder
Von Erwachen und Schlaf
Und dem Erlöschen
Des Sehnens

In der mondlos eisigen Nacht
Der Wüste
Streifen die Geister des Tages
Maskenlos umher
Ihre formlosen Münder
Kalte Feuer Fieber
Stöhnen und Gelächter
Die leeren Höhlen ihrer Augen
Doch wanderst du
Mit dem silberhellen Sand
Von Düne zu Düne
In Wind und Stille
So dringen ihre knöchernen
Gierigen Finger
Durch dich hindurch
Sie können dich nicht halten

So dicht sind die Dächer gedeckt
Ziegel über Ziegel
Woher nur stammt
Das unablässige Tropfen
Unsichtbarer Regen
So dicht sind die Netze
Der Neuronen geknüpft
Wohin nur entschwinden
Die Bilder
Durch welche Maschen
Läuft der Geist aus
Erinnerung und Traum
Schloss und Schloss
Sichern Fenster Tür
Und Augen
Durch welche Ritzen nur
Fasst der Wind
Mit seinen gierigen
Gleichgültigen Fingern
Mauern aus Wissen
Türme und leuchtende Zinnen
Im Mondlicht
Alle Wege beschriftet
Markiert und abgemessen
Wolken sind wir
Blitze sterbender Riesensonnen
Fruchtwasser in den Augen Neugeborener
Atem und Abschied
Leere Weite

Durch Nacht wandern wir
Unter uns
Des Waldes silberne Blütenblätter
Im Licht des Todes
Monströser Gestirne
Vor uns
Das helle Glühen
Unsere Kindheit
Sanftes Verdämmern
Und neue Nacht
Tiefere noch
In unserem Rücken
Auf dem Weiher
Ruht im Mondlicht
Unser Nachen
Bereit
Schon immer

Begreifen wollen Wir
Um Ruhe zu finden
Was nicht begriffen werden kann
Erkennen verstehen
Um sicher zu sein
Was nicht erkannt verstanden
Werden kann
Blätter zwischen Verwesung
Und Sturm
Die sich wieder verbinden wollen
Mit dem Zweig des Stammes
Noch bevor der Samen verweht
Aus dem er als Trieb entsprang
Ans Ufer wollen wir uns kämpfen
Aus den Fluten steigen
Um den Fluss zu finden
Aus dem wir trinken können
In dem wir treiben können
Aufgehoben
Als gäbe es ein Innen ein Außen
Als vermöge Geist Geist
zu gebären zu sezieren

Worte liegen am Rande
Der Straßen
Golddurchwirkte Stundenbücher
In abgebrochenen Zelten
Wenn wir weiterziehen
Und die Asche
Der Feuerstelle erkaltet
Für ihre Bedeutung
Existieren keine Zungen mehr

Der schwere Duft
Der Königin
Blutrote Blätter
Unter grünem Gewand
Weiße Seide der Schein
Gewebe von Spinnen
Auf der Elfenbeinhaut
Im Mondlicht Falten
Auf den geschlossenen Lidern
Welke Lippen Begierde
Verwehender Atem

Den eisigen Reif
Und beständiges Grün
Bestrahlt die
Wintersonne
Und ebenso
Die erste Ahnung
Neuer Knospen
Den Drang
Von sich den Tod
Zu schütteln
Im hartgefrorenen Boden
Löcher

Im Leichenlicht
Des Fahlen Morgens
Säumen alte Dornenhecken
Die immergleichen
Regennassen Wege
Von eigener Hand
beschmierte Mauern
Zwingen den Schritt
In hohle Kanäle
Die immergleichen
Ein Mondstrahl nur
Der sie durchscheint
Geister und Nebelschwaden
Und vor uns liegt
Offene Leere

Ein langer langer
Letzter Ton
Als ob er niemals
Enden würde
Verklingt
Hinauf hinab
In bodenloser Leere
Der Hörende
Aus Schlaf erwacht

Eine Welt weit weg
In Wellen gehüllt
Mit Worten gestempelt
Und adressiert
Von Unbekannt an Fremd
Des Hauses Atem
Vor der Sonne

Hinter den Augen
In den Worten
Vor den Blicken
Eine Pose
Suchen und vermuten
Rennen und schreien
Schleier uns
Selbst

Meine Zunge
In deinem Mund
Deiner Scham
Deinem After
Das Wort
Das Worte schuf
Wird wieder Leere

Bald werden
Die Magnolien erblühen
Und ich werde
An das schimmernde Kleid
Aus Sonnenstrahlen denken
Auf deinem bloßen
Ruhenden Körper
Und an die Stille
Des nahenden Abends
Bald

Frühlingsnachmittag
Über der Wallfahrtskirche
In den Weinbergen
Liegt der Sonne
Dunstiger Schleier
Über die ruhige Straße
Hinweg
Erklingt
Das helle Abschiedslied
Der Kinder

Eine einzige graue Wolke
Der ganze Himmel
Dächer und Wege getränkt
Doch der Brunnen der Bedingungen
Wird versiegen
Der letzte Tropfen verdunsten
Loser Sand
Die Tiefe bedecken
Klein geschliffen
Immer kleiner
Und verwehen

In den Augenwinkeln
Zerfließt
Die hingehauchte Welt
Und wird zum Bild
Verschleiert flüchtig
Furchtlos ruhend
Im Vergehen

Leere träumt Welt
Welt träumt Leere
Der Atem der Leere
Strömt aus
Und Sterne entzünden
Ihr Feuer
In ihrem Lichte
Öffnen sich Blüten
Sie atmen ein
Und welken
Und Welt träumt Leere

Des goldenen Schnittes
Klänge
Im anbrechenden Morgen
Der Logarithmus
Der leuchtenden Blüten
Zwischen Kathedralen
Und verwunschenen Seen
Der Duft vergangener Tage

Die Kraft der Sonne
Weckt die Blüten der Bäume
Die Stimmen
Der Zurückgekehrten
Färben nun
Den Gesang der Vögel von neuem
Jahr für Jahr
Denke ich seltener an dich
Und weiß nicht
Soll ich mich darüber freuen

Den goldenen Gürtel
Um ihre Hüften
Öffnet die Königin
Er fällt zu Boden
Barfuß betritt sie
Den dunklen Hag
Wer wagt es
Ihr zu folgen

Mit grimmer Fratze
In grellbuntem Gewand
Schreitet die Zeit hin
Über Berg und Tal
In ihrem Gefolge
Flut und Ebbe
Sturm und Flaute
Dem Stärksten noch
Entwindet sie
Das Schwert
Und zwingt zu Boden
Die Aufrechten
Wie die Kriechenden
Sie atmet Moder
Wie den ersten Schrei
Doch lässt du sie
So hältst du Wolken
In deiner Hand
Dein Antlitz ungeboren
Und tiefe Stille

Auf dem Gipfel
Schläft die Ruine
Überwachsen von
Efeu und Sträuchern
Hagel und Sonne
Stürzende Riesen
Der Falken
Kommen und Gehen
Hallen wider
In der Steine fernen Träumen

Sandstein und
Mauer von Menschenhand
Verwittern gemeinsam
So lange schon
Dass Verließ und Küche
Schlafgemach und Abtritt
Kapelle und Pallas
Die Illusion von Form
Aufgaben tauschten
Gegen neue Form

Hochwald
Lichte Sonne
Der Heiden Mauer
Das Grab der Heiligen
Der Feldherrn Bunker
Der Kaiser Burgen
Lichte Sonne
Hochwald

Über die Gipfel
Jagt Orkan
Entwurzelt Bäume
Wird er die Klause
Unter dem Dach
Der Felsen
Unbeschädigt lassen

Sonne blendet
Widerschein Schnee
Über Wolken Meer
Ferne Gipfel klar
Der hohe Turm
Unter dickem Panzer
Vereist
Beginnt von Westen her
Im Tauen aufzubrechen
Weithin hallt
Der Sturz des Eises
Bis hin zum stillen See
In der Tiefe

Über die steilen Felswände
Rinnt der Regen
Zwischen grün bemoosten Steinen
Stürzen Bäche in den Gebirgswald
Überfluten reißend Wiesen
machen der Wanderer Wege
Zu ihrem Bett

Trügerische Hitze
Des Lebens
Die Kühle
Der Nacht
Ein Versprechen
Das nicht einzulösen
Schwitzend
Erfrierende Haut
Im eisigen Feuer
Öffne die Augen

Worte
Die sich ducken
Gesten
Die sich verbergen
Kriechende Mimik
Hinterrücks
Giftige Dornen
Ein Augenblick
Der Klarheit
Genügt
Und Alles
Wird aufrecht hell

Ich wünschte
Worte wären mir
Wie der Regen
Blicke
Wie der Widerschein
der herbstlichen Sonne
Im verborgenen Waldsee
Schweiß
Wie die Feuchte der Erde
Nach dem Frühlingsschauer
Speisen
Wie der Geschmack des Taus
In der kühlen Dämmerung
Des Sommermorgens
Der Hände Berührung
Wie die Kälte
Des blauen Wintertages
Doch ist es mein Geist
Der sich davor fürchtet
Im Meer zu versinken

Woher nur
Dieser übermächtige Drang
Manches Mal
Nur ein Satz ein Wort
Glühend bebend ausgewürgt
Zur Zerstörung
Allein geformt
Um zitternd
Im Innersten zu fühlen
All dies
Könnte ebenso gut
Der Traum
Eines zerspringenden Spiegels sein

Wie eine Fliege
Ist mein Geist
Schwirrt hin und her
Lässt sich nieder
Nur für einen Moment
Um von diesem toten Wort
Von jenem süßen Versprechen
Stets hungrig
Eilends zu kosten
Wird wieder aufgescheucht
Von einer fremden Regung
Gespiegelt in Facettenaugen
Besser wäre er wie
Das Knarren sich in der
Morgensonne erwärmenden Holzes
Wie das unablässige Rauschen
Des zu Tal eilenden Mühlbaches
Wie Tau auf den Sommerweiden
Der grasenden Kühe
Oder wie das Schwirren
Der Fliege
Nach dem ihre Schwänze schlagen

Im Labyrinth des Karstes
Dämmert das grüne Moos
Auf weißem Stein
Unter unseren Füßen
Schlafen Höhlen
Um im letzten Regen
Dolinen zu werden

Sonnenaufgang um Sonnenaufgang
Irre ich dürstend
Durch die unermessliche Wüste
Meines Sandkastens
Wandere meine Zeit herab
Und immer noch
Rieseln die Körner
Durch den engen Hals
Im Stundenglas meines Geistes
Aber eines frühen kühlen Morgens
Wird das letzte Körnchen
In die verlöschenden Sterne fallen
Und ich werde

Der Boden des Meeres hob sich
Labyrinthisch lösender Regen
Verborgene Kammern Gänge
Lichtlöcher Zisternen Grabkammern
Gleich ob nun die Menschen
An diesem Ort
Dicht an dicht siedelten
Oder diese weglosen Wege
Keines Menschen Fuß je betrat
Wenn im Wald
Der bergend seine Kronen
Über die weißen Felsen breitet
Die Dämmerung sinkt
Dann existieren nur Einsiedler
Ein jeder mit seiner Sprache
Die keiner anderen ähnelt
Und doch vor jedem Laut
In jedem Laut
Die selbe Nacht gebiert

Hell strahlt jenes Eis
Der Höhen
Das wir ewig nennen
Wolken aus reinstem Weiß
Bauschen wölben türmen
Wälzen sich darüber
Durch die schroffen Felsen
Zu ihren Füßen
Fließen mächtige Gletscher
Aus ihren Mündern
Strömt steingrau
Himmelblau milchweiß
Reines Wasser
Dessen unfassbarer Kälte
Vernichtender Schmerz
Wir nur für einen Augenblick ertragen
Bevor wir niedersinken
ins grüne Gras

Die tiefe
Unausweichliche Müdigkeit
Tarnt sich
Als helle Klarheit
Oder
Sind sie
Am Ende
Des Tages
Womöglich
Eines

Die gelben Blätter
Des diesjährigen Ruhmes
Treiben
Im Herbstwind
Sanfter Regen
Fällt
Jene vom Jahr
Zuvor
Liegen als Humus
Auf
Verwitterndem Stein

Der Sturm
Entfacht sich
Ich entfache
Brülle die Wellen an
Stelle das Boot quer
Schlage hier eine Kerbe
Werfe dort einen Anker
In die unergründliche Tiefe
Klarer Spiegel

Nur von mir
Möchte ich
Mich reinigen
Doch stelle ich
Stattdessen
Galerien
Von Gespenstern
Dirigiere Chimären
Um nur ja
Das Umheriren
Und gegen mich Stoßen
Nicht missen zu müssen

Wie halte ich
Den Augenblick
Der Klarheit
Solange ich dem Greifen
Und dem Greifbaren
Noch immer
Das alte Sehnen
Die alte Ehrfurcht zolle

Pflege und bebaue
Den Ozean der Ruhe
Mit üppigen Gärten
Und schimmernden Palästen
Unablässig versinkend

Der Ruf der Alpendohle
Aus der Flanke
Des Gletschers
Strömt des weiten Himmels Wasser
Wolken geben
Den Gipfeln Halt

Zwischen den Türmen
Mischen sich Dunst
Und
Das dem Abgrund
Entgegen schlendernde Rot
Über die faulenden Reben
Jagt hin
Ein grüner Papagei
Müde Schritte
Münden
In den sanften Atem
Des scheidenden Tages

Noch dringen
Die Rufe der Kraniche
Nicht durch
Die Nebel des Herbstes
Noch sammelt sich
Die Aufregung der Stare
Nicht in den Platanen
Am Ufer
Des niedrigen Wassers
Als ahnten wir sie nicht
Im leeren blauen Himmel
In den gestaltlos
Wandernden Stimmen

Die Hände zeigen
Ohne Zeichen
Die Worte Laute
klammern sich
Zerfallen
Dabei ist es allein
Die eigene
Wirrnis
Unser Unvermögen
Klar zu sein
Der Quelle Wasser
Die wir als Decke
Erstickend
Über andere breiten

Schmerz
Verbindet
Die Gelenke
Uneins
Sind sich
Die Glieder
Lethargie
Schwerer Regen
Beugt
Das hohe Gras

Mit dem Abend
Dämmert
Der Müdigkeit
Helles Licht
Herauf
Klarheit
Zieht
Mit den Staren

Vergebens sind
Aller Zuspruch
Der Ruhe
Die sanfte Berührung
Der großen Weite
Wenn der winzige
Vogel des Herzens
Angstvoll
Gegen das Glas
Geschlossener Fenster
Anfliegt
Während der Winter
Naht

Bosonenethik
Gravitationsrechtsprechung
Des Virtuellen Freiheit
Virtuelle Freiheit
Plätschernde Weidenblätter
Im Strom
Der Herbstsonne
Der Aufwind
Trägt den Greifvogel
In den blauen Himmel
Er entschwindet

Wiederkehr
Die Quelle ist versiegt
Wolken spiegeln
Trockenes Laub

Noch dröhnen
Die Fanfaren
Des Geburtstagsmarsches
Der Krönungsmesse
Über Gotteshäuser und Paläste
Da dringt
Die erste Note schon
Des Requiems
Wie Morgennebel
Über Quellen hin
Und Mündungen

Zurück haben wir
Uns gerechnet
Zu einem Punkt
Der ohne Länge
Weite Raum
Dies alles mühelos umfasst
Und Ahnungen vorangetastet
Hinein in das erstarrte Schweigen
In dem die ungezählten
Mannigfaltigkeiten
Sich jede einzeln gleichen
Mit welchem Geist jedoch
Erfahren wir

Den ganzen Tag
Zogen die Kraniche
So viele wie nie zuvor
Nun versinkt
Die rote Sonne
In der Strahlend
Blauen Kälte

Die Lieblingspuppe im Arm
Lächelnd erstes Sitzen
Auf schwarzweißem Foto
Und nun
Das vielfach tiefe Schweigen

Unter dem Fenster
Die Köpfe
Der Passanten
Blätter
Im Herbstregen

Auf dem Berg des Schlosses
Wälder aus Kaminen
Ein jeder einzig
Ohne Spiegelbild

Zwischen den weiten Wäldern
Und intimen Gärten
Über dem ruhigen Fluss
Gemächer des Prunks
Gemächer der Trauer

Zerbrochene Giganten
Schafe
Zwischen der Prozession
Der Steine
Zu einem fernen
Von Heide
Längst
Überwucherten Ziel

Ein neuer Anlauf
Im Morgengrauen
Um der Kraft
Der Anziehung
Zu entgehen
Mit verbliebenem Mut
Ein neuer Sprung
Ins erste Licht hinein
Vergebens
Beim Sturz
Auf glitschigem Fels
Der stechende Schmerz
Und reglos wartet schon
Das große Tier
Des Tages
Geduldig
Alles verschlingend

Strahlender Himmel
Über den Stränden der Toten
Den Klippen der Gefallenen
Aus dem Mahlgang
Der Zeit
Tropft Sandkorn um Sandkorn
In das Kommen und Gehen
Der Gezeiten

Weiß der steile Felsen
Vom Kot der Lummen
Ihr Lärmen indessen
Längst verstummt
Über den Sturz
Der Küken
Hinab von den Klippen
In die Brandung
Gingen schon
Die ersten Stürme
Des Herbstes hin

Drunten atmet
Die weite Bucht
In der sich
Land und Meer und Himmel
Vereinen
Hier oben
Befühlt der Wind
Des nahenden Abends
Die Zinnen und Streben
Des Kreuzgangs Säulen
Hoch und tief
In Stille verwoben

Immer etwas
Im Nebel
Das wir verlieren könnten
Schritte Gesichter
Erinnerung
Tappen und Greifen
Stürzen

Nebel dringen
An die eisigen Fenster
Des dämmernden Tals
Auf den Gipfeln
Rastet die Wärme
Des vergangenen Sommers

Unter den Kronen
Der Ältesten
Die einst das Schloss
Wachsen sahen
Streifen Hirsche
Durch den Park
Der Könige
Die Musik
Der Pavanen und Galliarden
Spielt um die fernen Mauern
In den stillen Kanälen
Steigt der Herbstmond empor

Am Kai
Des goldenen Hafens
Träumen
Schlafende Kinder
Den Tag
Buntes Laub
Deckt die Wellen
Nahezu

Deine Lippen
Berühre ich
Mit dem linken Zeigefinger
Meine Zehen
Werden versinken
In Erde und Sand
Zwei Schritte
Gingen wir Gemeinsam
Am endlosen Strand
Der weiten See

Zwischen der versunkenen Stadt
Und dem verbrannten Berg
Inmitten der grauen Wüste
Umschließt die hohe Mauer
Kühle Quellen
Schattige Haine
Den Duft der Früchte
Kein Weg kein Tor
Einzig inmitten
Der eisigen Nacht
Fernes Lachen im Wind
Und frohe Lieder
Verschwunden
Im Anbruch
Des unablässig
Mit den Dünen
Ziehenden
Morgens

Mit der Farbe
Unserer Augen
Bemalten wir
Die Blüten des Morgens
Des Mittags
Und des Abends
Schnell nur schnell
Bevor die Nacht
Sich sanft
Auf unsere Lider legt

Und immer
Kratzen die Dämonen
An den Mauern
Aus Papier
Die wir so furchtsam
Wie auch achtlos
Dagegen halten
Eitler schmerzhafter Trug
Als gäbe es zwei Seiten

In meines Inneren
Höhle
Hausen die hungrigen Geister
Manchmal
An klaren Tagen
Höre ich
Das Schaben
Ihrer fest
Aufeinandergepressten Zähne
Verstummen

Der Lärchenbaum
In meinem Auge
Wiegt sich
Und winkt
Wenn die grauen Wolken ziehen
Schneller
Und immer schneller
Und er ächzt
Und knarrt
Und bricht im Traum
Den silbernen Mond
Empfängt er reglos

Tag um Tag
Fließt der Regen
Die roten Ziegel
Der Dächer hinab
Über ihrem feuchten Glanz
Verschwimmen
Die tiefgrauen Himmel
Trügerisches
Entstehen Bleiben
Und Vergehen

Rastlos bessere ich
Die Deiche aus
Vom Morgengrauen
Bis zum Wechsel der Nacht
Plane neue Dämme
Um den Tagen
Fruchtbaren Boden abzuringen
Konstruiere Fluttore
Um die Gezeiten zu kontrollieren
Und weiß doch
Ließ ich nur
Das Steigen und Fallen
Der strömenden Wellen
Durch mich hindurch
So klärten sie den Schlamm
Des Begehrens wie der Ablehnung
In rotblaue Liebe
Der die Leere folgt

Schemen im milchigen Glas
Im Nebel wuchern
Verwehende Formen
An den Rändern
Der sehenden Augen
Zerfallende Welt
Tiefe Müdigkeit
Bedeutet nicht Klarheit
Wo aber endet
Die höchste Konzentration
Und mündet
In vorsatzloses Schauen
Wo liegt die
Unterscheidende Grenze
Zwischen Umfangen
Und schweigendem Lassen

Fixiere den Punkt
Verliere den Halt
Schärfe die Wahrnehmung
Und ziehe dich zurück
Von deinen Sinnen
Zugleich im Atem
Desselben Tages

Selbst die Engel
Beschleunigen das Spiel
Ihrer Fanfaren
Streicher und Schalmeien
Prestissimo diabolo
Hektisch dröhnt
Ihr flehender Gesang
Wie das Zucken und Stöhnen
Eines unruhig
Träumenden Gottes
Als nahe das Ende
Einer Zeit
Womöglich gar
Der Zeit
Müssen nun etwa
Die Toten
Aus ihren Gräbern steigen
Oder
Wenn sie des Getöses müde sind
Gewaltsam
Hervorgezerrt werden
Zur Pandemie der Wiederkehr
Unverändert
Ruht auf dem Spiegel der Nacht
Das klare Licht der Stille

Versenke dich
In den Wandel
Tauche hindurch
Durch Bild und Klang
Ohne sie zu verleugnen
Sinke hinab
Durch Wärme Kälte Druck
Durch alle Schichten
Verbinde dich
Ohne dich
Und andere zu binden
Wende dich zu
Richte dich aus
Dein Tun dein Wort und dein Gedanke
Sind Steuer Ruder
Boot und Fluss zugleich

Nun schlägt
Die Trommel
Nicht mehr so laut
In mir
Nicht mehr so ungestüm
So viele Schläge
Sind bereits verklungen
Und in den Ohren
Dröhnt das Rauschen
Des Alls
Die Hände formen sich
Zur leeren Schale
Die Welt fließt
Mit dem Atem ein
In stickige Räume
Hinter blinden Fenstern
Mit Worten vollgeschrieben
Und grellen Bildern zugemalt
Ein sanfter Schmerz
Und klare Freude
Wie viele Schläge noch
Bis sie verstummen

Und kämen auch
Die Himmlischen
Reinen Herzens
Dich zu preisen
So lausche ihnen nicht
Schicke sie hinweg
Ob ihrer Verwirrung
Dem Netz aus feinstem Stoff
In ihren goldenen Händen

In den Fenstern
Der Häuser
Brennen Kerzen
Lichter flackern
Auf den Gräbern
Der Ruf eines vereinzelten Vogels
Fragt nach der Jahreszeit

Und all der Orte
Schönheit
Und all der Zeiten
Schmerz
Und all der Menschen
Hass
Und ihr Begehren
Zieht mit der Winde Wehen
Der Flüsse Strömen
Und wenn das Ich verblasst
Dann öffnet sich
Der weite Himmel
Und wir sind Kelch
Und Mund und Trank
Der Leere

Im Anbruch des Morgens
Verdunkelt das Bewusstsein
Sich
Und sendet den Ohren
Das Brüllen des Tages
Fernes Wolfsgeheul
Den Ruf des Kauzes
Damit es
Selbst
Sich heute höre
Doch lasse nicht nach
Reinige die Fenster
Gieße die Pflanzen
Vorerst
Sieh ihrem Wachsen zu
Und lichten sich die Nebel
Nicht
So schreitet doch
Unter deinen Füßen
Unverbrüchlich
Der Weg

Für einen
Kurzen Blick
Schien die Sonne
Durch das eisige Treiben
Über die weglosen Hügel
Zu dringen
Das Zittern
Der Halme
Im Fallenden Sturm
Ahnt davon
Nichts

Das strahlende Weiß
Der Häuser
Vor dem grauen Himmel
Blendet die ermüdeten Augen
Allzu leicht fällt
Das Stolpern
Zu Füßen
Der reglos wartenden
Kahlen Bäume

Wie Krähen
Sitzen die Vorstellungen
Auf den toten Ästen
Der Überzeugung
Im Spinnennetz
Der Erinnerungen
Lauert die Wahrheit
Prägestock und Währung
Des kleinen Ichs
Ein winziger Lichtstrahl nur
Der Wirklichkeit
Der durch den Schleier
Des Wissens dringt
Und schon stieben sie auf
Und gaukeln wie Schmetterlinge
Leuchtend umher
Bis sie sich auflösen
Im Licht
Vereint

Wie ein Mobile
Hängen die Geräusche
Ineinander
Boote auf dem Ozean

Hoch über dem
Klaren See
Das Harz des Sommers
Ungezählte Bremsen
Umschwirren
Gierig die Rast
Nutzloses Gefuchtel

In der Dunkelheit
Leuchten die Augen
Der Wohnungen
Als brennten
Heilige Feuer
Ewiglich
Hinter ihren Pupillen
Als wachten Priester
Und nährten Gebete
Den Widerschein
Des Himmels
Während wir
Vorübergehen

Wer ist es
Der trauert
Wenn der Wind
Die Fensterläden
Gegeneinanderschlägt
Der Zug die Brücke überquert
Die Wogen der Unbeständigkeit
Durch den Körper branden
Die Sonne versinkt
Wer ist es
Der Leidet
Wenn auf den Gräbern
Die strahlenden Knospen sich öffnen
Und Tore und Wege
Weder Fahne noch Wind
Noch Geist
Der Vergänglichkeit trotzen
Und Regen wird fallen
Wer ist es
Der im Meer der Stille
Verweht

All dies wandert
Wandelt
Sich
Es existiert
Nun ewig
Verbunden mit allem
Und war noch nie
Und wird nie sein

Wie Bruder und Schwester
Sorgen sich Hass und Gier
Wie Vater und Mutter
Angst und Trauer
Wohlmeinend um uns
Besuchen unsere Gedanken
Hegen unsere Überzeugungen
Nur von dem einen Wunsch getrieben
Uns aufzuwecken
Aus unserem tiefen festen Schlummer
So nahen sie heimlich und leise
Wie Geister
Oder laut und tobend
Wie Stürme Orkane
Um uns die Augen zu öffnen
Wohl wissend
Dass ihr heilender Trug
Ihr Maskenspiel
Von ihrem selbstlosen Opfer
Ihrem Ende kündet
Wie sollten sie nicht halten zwar
Doch auch nicht schmähen
Ihr Stachel und ihr Gift
Können töten wohl
Doch auch uns neues Leben
Schenken

Das Licht der Sonne
Träumt im Nebel geborgen
Der mächtige Strom
Verbirgt sein Fließen
Unter dem Spiegel
Kein Windhauch
Kündet von Geburt
Atem und Tod

Glocken klingen
Durch die Nacht
Zum Gebet des Morgens
Rufen die Heiligen
Auf dass die Herzen
Sich öffnen
Aus sich heraus
Fließen verbluten
Leere

Deine Gerüche
Verwehen lassen
Den Klang
Deiner Stimme
Nicht halten
Den Finger zurückziehen
Von deiner Haut

Ich schüttete meine Angst
In dich
Und meine Liebe
Den Mangel und den Überfluss
Ich lagerte mich aus
In dir
Und ahnte nicht
Dass hier kein Ich
Und dort kein Du

Pechschwarzes Ich
Verkrustetes Blut
Liegt auf der Quelle
Der Brunnen jedoch
Ist nicht versiegt
Das dunkle Bild
Nicht ohne Hoffnung
Ein winziger Riss nur
Kaum zu sehen
Und ungehindert
Strömt das Licht
In jeden Winkel
Noch so fern
Nichts bleibt verborgen

In einem Moment
Ist der Geliebte
Strom des Lichts
Innen und Außen
Ein einziger Wirbel
Bebendes Herz
Dann ist er
Gewaltiger Rabe
Dessen Flügel
Hinwegnehmen
Tag und Nacht
Atemzug um Atemzug

Zu schweigen
Wenn niemand da ist
Der zuhört
Zu verzichten
Wenn niemand da ist
Der besitzt
Dich zu lassen
Wenn es dich
Nicht gibt

Klopfen an der Tür
Schritte auf der Treppe
Stimmen im Flur
Bist du da
So verdunstet
Der Niederschlag
Auf dem Glas
Des Fensters
In Windeseile

Die Finger
In deiner feuchten Scheide
Die Lippen
Um deine schwellenden Knospen
Die Zunge
In deinem dunklen After
Festgesaugt ausgesaugt
Hülle

Wie Fliegen
Kleben wir
Am Leim des Lebens
Zwischen Reglosigkeit
Und rasender Zuckung
Agonie der Flügel

Das Jahr
Hat ausgeatmet
Die tief verborgene Luft
Aus seinen Lungen
Der Gedanke wieder
Einzuatmen
Ist noch nicht
Gedacht
So klingt
In Wolken und in Wintersonne
Das ungesprochene
Ungehörte Wort

Himmelsblüten
Verstopfen duftend
Die klare Quelle

An der Oberfläche
Des reinen Wassers
Treiben
Die verklumpten Haare
Der Erinnerung
Der Vorstellungen
Ranziges Fett
Das aufgequollene Papier
Der Begierden
Rechen und Filter
Tauchen

Wir wurzeln
In der Leere
Die uns zugleich
Auch Form
Durch unsere Blätter
Atmet sie der Himmel

Tief ausatmen
Bis zum bodenlosen Grund
Ohne gefassten Gedanken
Ohne Ziel
Ertrinken

Brich auf
Goldene Lava
Schmilz
Die schwarzen Schollen
Hinweg
Fließe

In der Verlangsamung
Der Zeitlupe
Zerplatze ich
Schnell
Genug jedoch
Damit die Teile
Formlos
Verschmieren

Das Heer
Der Schemen
Durchwandert mich
Neblig fahl
Vor wenigem noch
Wirkten sie
Kraftvoll
Aus starkem Holz
Gewachsen
Es zieht sie
Zum Ufer des Meeres

Die Felsen
Die mich begruben
Sie lösen sich
Entgegen
Aller Schwerkraft
Vom Boden
Doch es tost
Kein Orkan
Völlige Stille
Sie entschwinden
Ferne Planeten
Im milden Licht
Der Sonne

Für einen Tag
Treten wir
Aus dem blendenden Licht
Der Morgensonne
Seltene Düfte
Betören uns
Ferne Stimmen
Verwirren uns
Sand auf der Haut
Und zwischen
Den Zähnen
Der Blick wogt
Über das Gras
Wer ist es
Der auf dem silbernen Weg
Des Mondes
Zurückkehrt

Fasse Mut
Mit dem Atem
Und sei deine Lunge
Auch schwach und krank
So tauche hinab
Und bis du zur Umkehr
Alsbald gezwungen
Verzage nicht
Folge der Quelle des Lichts
Dort wo kein Grund
Und locken dich
Die Arme der Kraken
Der wiegende Kelp
Sei ohne Furcht
Gefangen gebunden selbst
Wächst deine Kraft
Oberfläche und Saugnapf
Irrgarten beklemmende Enge
Je tiefer du tauchst
Schlinge um Schlinge
Knoten um Knoten
Sich löst
Du selbst

Kopfüber der Sprung
In den stillen Quellteich
Das Geräusch
Der Wasserpflanzen
Abstreifen

Ohne Luft
Und ohne Laut
Ohne Wort
Und ohne Bild
Kein Grund
Und keine Leere

Was wir gedacht
Gesagt getan
Verdunstet
Steigt empor
Und heftet sich
An Staub und Eis
Bis es verdichtet nun
Als Schwere
In die schwere Erde stürzt
Das Strömen
Der Quelle
Ist noch nicht
Versiegt

Freigelassen
Streunen die Gedanken
Durch Axone
Und Dendriten hin
Verweilen flüchtig
Treiben miteinander
Schabernack
Versinken im Abgrund
Der endlosen Synapsen
Tauchen
Frisch geschminkt
Und neu gekleidet
Andernorts
Wieder auf
Halbstarke
Herumtreiber

Am Himmel
Zieht das Dröhnen
Der Welt vorüber
Gleißender Firn
Des Gipfels
Des Tempels
Gespaltenes Tor
Mosquitobrut
Des weglosen Sumpfes
Spektrale Klänge
Und Stille

Ein Leben
Der sich gegenseitig
Zermahlenden Zähne
Der ineinander
Verkeilten Nachtmahre
Der eng
Geführten Korridore
Gewaltiger Sog
Reines Atmen

In den kahlen Wipfeln
Hängen stumme Tropfen
Der Klang unserer Lieder
Unter dem Berge
Schweigen unsere Gebete
Erloschen ist der Laut
Der Engel feuriger Flügel
Die Flut verschlang und ruht
Wir sind entworden

Schnee
Auf den Dächern
Kein Licht
Die Häuser liegen
Dunkel reglos leer
Und auch dies
Geht vorüber

Nektarvögel
In der klaren Luft
Baumfrösche
Im dichten Urwald
Das Murmeln
Des klaren Baches
Und auch dies
Geht vorüber

Im Winterwald
Ruhen die Winde
Keine Spur
Findet sich
Im Schnee
Wer je
Hörte
Vogelrufe
Wer

Die Ahnung
Großen Schweigens
Rührt mich an
Beinahe
Vergaß ich sie
Die Frage
Beinahe

Auf einer Lichtung
Im tiefen Wald
Meiner Kindheit
Floss dein Haar
Im zitternden Wind
Hoch am Himmel
Zog ein
Von der Sonne
Zum Glühen gebrachter
Augenblick vorüber
Bebender Schmerz
Nachhall
Verstummen

Auf den Schienen
Hätte ich dich
Lieben können
Hätte ich nur
Die spiegelnde Wüste
Nicht
Für den Ozean
Genommen

Meine Füße
Sind der Boden
Und der Boden
Sind sie
Während
Unsere Finger
Kontinentalplatten
Aneinander
Entlangstreifen
Beben
Der Sonne Strom
Jenseits von
Werden und Vergehen
Schleudern
Wir uns
Ihr entgegen

Eisiger Wind
Der Freude
Schwüle Luft
Der Trauer
Aufeinandertreffen
Vermischen
Sintflut
Orkan
Innen Stille

Der riesige Mandrill
Die Fratze
Groß wie ein Berg
Starrt
Grellbunt
Zähnefletschend
Zurück
In die winzige
Schrumpfende Höhle
Ein letzter Hauch
Und Wirbel
Von Regenbogen
Verschlingen sich
Im brennenden Firmament

Der Basilisk
Der Abwehr
Und
Das Neunauge
Des Begehrens
Ziehen gemeinsam
Durch die wüsten Lande
Und schaffen
Entleerte erstarrte Hülle

Wie Blütenblätter
Öffnen sich
Die Knochen
Meines Schädels
Und meine Finger
Fließen
Wie Frühlingswasser
Naht der Sturm
Oder zog er bereits
Vorüber

Der rinnende Regen
Bambusflöte und Zither
Der Klang des Kiesels

Einst glaubten wir
Berg zu sein
Einst wandernde Wolke
Die Winde wehen
Aus allen Richtungen

All die Staumauern
Höher und höher
Unablässig ausgebessert
Den Fluss aufhalten
All die Becken
Seine Wasser speichern
All die Kanäle
Die Fluten lenken
Ein Augenblick nur
Von der Quelle
Zum verdunstenden Tropfen
Werke des Staunens
Im endlosen Ozean